¡HORA DE BALONCESTO!

por Brendan Flynn

BUMBA BOOKS™
en español

EDICIONES LERNER ◆ MINNEAPOLIS

Nota para los educadores:

En todo este libro, usted encontrará preguntas de reflexión crítica. Estas pueden usarse para involucrar a los jóvenes lectores a pensar de forma crítica sobre un tema y a usar el texto y las fotos para ello.

La traducción al español fue realizada por Annette Granat.

ediciones Lerner
Una división de Lerner Publishing Group, Inc.
241 First Avenue North
Mineápolis, MN 55401, EE. UU.

Si desea averiguar acerca de niveles de lectura y para obtener más información, favor consultar este título en www.lernerbooks.com

Library of Congress Cataloging-in-Publication Data

Names: Flynn, Brendan, 1977- author.
Title: ¡Hora de baloncesto! / por Brendan Flynn.
Other titles: Basketball time! Spanish
Description: Minneapolis : Ediciones Lerner, 2017. | Series: Bumba books en español—¡hora de deportes! | Translation of author's Basketball time! |
Includes bibliographical references and index.
Identifiers: LCCN 2016024772 (print) | LCCN 2016028535 (ebook) | ISBN 9781512428711 (lb : alk. paper) | ISBN 9781512429817 (pb : alk. paper) | ISBN 9781512429824 (eb pdf)
Subjects: LCSH: Basketball—Juvenile literature.
Classification: LCC GV885.1 .F5918 2017 (print) | LCC GV885.1 (ebook) | DDC 796.323—dc23

LC record available at https://lccn.loc.gov/2016024772

Fabricado en los Estados Unidos de América
1 – VP – 12/31/16

Expand learning beyond the printed book. Download free, complementary educational resources for this book from our website, www.lerneresource.com.

Tabla de contenido

Jugamos al baloncesto

El baloncesto es un deporte.

Cualquiera puede jugar.

Puedes jugar en un equipo.

Puedes jugar con amigos.

aro

balón

zapatos

Necesitas un balón.

Necesitas un aro.

Un buen par de zapatos

ayuda también.

Puedes jugar en un gimnasio.

Puedes jugar afuera.

Puedes jugar en el camino

de entrada.

¿Cuál es la diferencia de jugar al baloncesto al aire libre?

Un equipo juega

contra otro.

El área en que

ellos juegan se

llama la cancha.

Cada equipo tiene

un aro en un lado

de la cancha.

¿Por qué le pasarías el balón a otro miembro de tu equipo?

Los jugadores rebotan el balón.

A esto se le llama driblear.

Los jugadores le pasan el balón

a los miembros de su equipo.

Ellos lanzan el balón hacia adentro

del aro.

El otro equipo trata

de detenerlos.

Les quitan el balón.

Entonces, pueden anotar

una canasta.

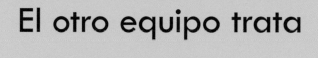

Cada canasta vale puntos.

La mayoría vale dos puntos.

Algunas valen tres puntos.

El equipo con la mayor cantidad

de puntos gana el juego.

Puedes ver un juego en tu escuela.

Puedes ir a un estadio.

Puedes ver muchos juegos

en la televisión.

¿En qué otro lugar se podrían ver un juego de baloncesto?

Es divertido ver juegos

de baloncesto.

Es divertido jugar también.

Cancha de baloncesto

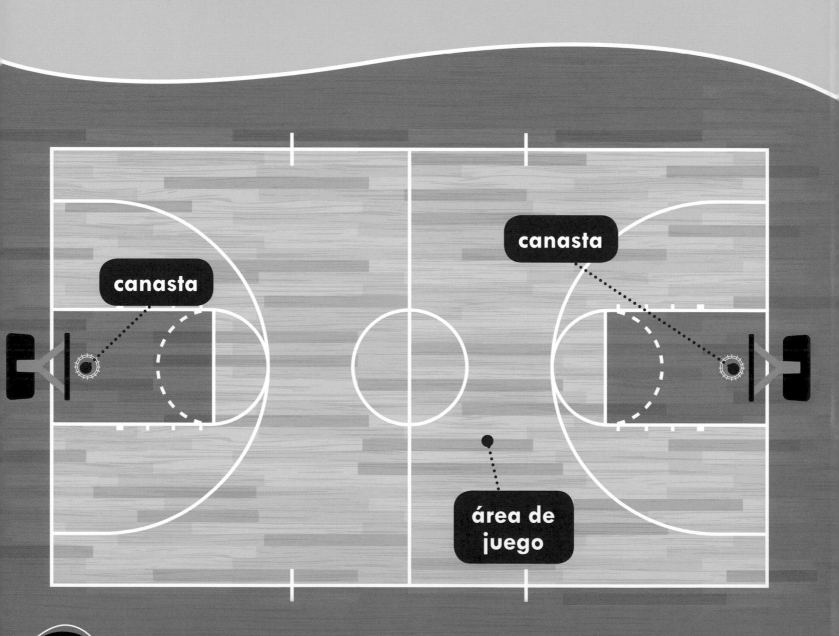

canasta

canasta

área de juego

Glosario de las fotografías

canasta

cuando el balón entra por el aro

cancha

un área marcada con líneas para jugar al baloncesto

driblear

rebotar el balón hacia arriba y hacia abajo

estadio

un lugar donde la gente ve juegos deportivos y los practica

Índice

Leer más

Morey, Allan. *Basketball.* Minneapolis: Jump!, 2015.

Nelson, Robin. *Basketball Is Fun!* Minneapolis: Lerner Publications, 2014.

Tometich, Annabelle. *I Know Basketball.* Ann Arbor, MI: Cherry Lake Publishing, 2013.

Crédito fotográfico

Las fotografías en este libro se han usado con la autorización de: © Monkey Business Images/Thinkstock, p. 5; © naito8/Shutterstock.com, p. 6 (primer plano); © Cressida studio/Shutterstock.com, p. 6 (fondo); © Mat Hayward/Shutterstock.com, p. 8; © Sergey Novikov/Shutterstock.com, pp. 10–11; © Craig Dingle/iStock.com, p. 12; © Monkey Business Images/Shutterstock.com, pp. 14–15, 21; © Lane V. Erickson/Shutterstock.com, pp. 17, 23 (esquina superior derecha); © Aspen Photo/Shutterstock.com, p. 18; © enterlinedesign/Shutterstock.com, p. 22; © Pierre E. Debbas/Shutterstock.com, p. 23 (esquina superior izquierda); © Xavier Arnau/iStock.com, p. 23 (esquina inferior izquierda); © Alexey Losevich/Shutterstock.com, p. 23 (esquina inferior derecha).

Portada: © Christopher Futcher/iStock.com.